Novena do Poder de Deus

Novena do Poder de Deus

Abrindo o coração ao poder de Deus

Dados Internacionais de Catalogação na Publicação (CIP)
(Câmara Brasileira do Livro, SP, Brasil)

Silva, Damião
Novena do Poder de Deus : abrindo o coração ao poder de Deus / Pe. Damião Silva. -- São Paulo : Paulinas, 2021.
64 p.

ISBN 978-65-5808-033-6

1. Novenas 2. Igreja Católica - Orações e devoções 3. Fé I. Título

20-3647 CDD 242.74

Índice para catálogo sistemático:

1. Novenas 242.74

Angélica Ilacqua – Bibliotecária – CRB-8/7057

1ª edição – 2021
2ª reimpressão – 2022

Direção-geral: *Flávia Reginatto*
Editora responsável: *Marina Mendonça*
Copidesque: *Ana Cecilia Mari*
Coordenação de revisão: *Marina Mendonça*
Revisão: *Sandra Sinzato*
Gerente de produção: *Felício Calegaro Neto*
Capa: *Gildson Lins (Copiê Gráfica)*
Diagramação: *Tiago Filu*

Paulinas

Rua Dona Inácia Uchoa, 62
04110-020 – São Paulo – SP (Brasil)
Tel.: (11) 2125-3500
http://www.paulinas.com.br – editora@paulinas.com.br
Telemarketing e SAC: 0800-7010081

“Exultemos de alegria com Deus que governa
com seu poder para sempre.” (Sl 66,7)

Dedicatória

Dedico este livro a meu pai, Sr. Pedro José Neto;
à minha Paróquia de Santo Amaro;
aos grupos de evangelização Terço do Poder de Deus;
aos ouvintes do programa "Encontro com Deus".

Agradecimentos

A Deus, nosso Pai, Todo-Poderoso,
que até aqui nos tem ajudado.

Aos colaboradores,
José Nilton Santos Silva Junior,
Maria Paulina Teixeira Marques e
Bethânia Melo Azevedo.

“Tudo posso naquele que me fortalece!”
(Fl 4,13)

Apresentação

Deus sempre fala conosco. Nós é que não damos a devida atenção às suas manifestações. Contudo, quando Deus quer, tudo pode: no tempo em que era Reitor da Basílica do Carmo, em Recife, no ano de 2000, durante uma peregrinação a Juazeiro do Norte (CE), cidade do Padre Cícero, saímos em missão, visitando as casas dos fiéis devotos.

Em uma das visitas, pregado na parede de taipa, um texto num papel amarelado me chamou atenção por sua riqueza e poder. As palavras me brotaram em forte oração: "Pai do céu, me dai força. Jesus Cristo, me dai poder. Maria Santíssima, me dai coragem para essa batalha eu vencer, sem morrer, sem me abater, sem o juízo perder".

Retornei a Recife e saltou em meu coração o desejo de continuar repetindo a mesma oração, como se rezasse um terço. Surge, então, o "Terço do Poder de Deus": nas contas grandes, a oração que lhe deu nome, como jaculatória; nas contas pequenas: "Deus pode, Deus quer. Hei de vencer!", proclamado repetidamente.

Eis o sinal. Acreditamos que tudo acontece segundo a vontade do Pai, conforme nos diz a Sagrada Escritura. Na certeza de que, pelo poder de Deus, caíram as muralhas de Jericó e de que, por esse mesmo poder, o mar se abriu, essa força divina e amorosa nos impulsiona também a levar essa luz a outros irmãos.

Iniciou-se, então, com simplicidade, humildemente, um trabalho com a oração desse Terço. Cresceu igualmente o entendimento de que estávamos diante de um sacramental que, através de uma oração, fortemente repetida, pode levar pessoas a se aproximarem da Igreja de Cristo; elas são resgatadas e reencontram a fé muitas vezes adormecida. Sem pretensão, pequenos grupos foram se formando, em várias comunidades.

Cada grupo de oração não se limita apenas à meditação do Terço, carregado de súplicas partilhadas. Também instiga a Leitura Orante da Bíblia, levando os seguidores a uma participação ativa na vida da Igreja e dos sacramentos. As orações se multiplicam: diante das dificuldades, rezamos pedindo ajuda e, diante das alegrias, agradecemos. Somos vencedores.

Os responsáveis pela divulgação desta dinâmica de evangelização “em saída” estão ajudando na missão como voluntários e se propõem a rezar e propagar esse projeto. Os encontros são, em sua maioria, ao ar livre, para atrair os passantes. São realizados perto das residências, o que tem auxiliado muitos cristãos idosos, incapacitados e/ou descrentes, a sentirem a presença do Divino.

A manifestação da fé no poder de Deus, em nossas vidas, começou a dar frutos concretamente. Sentindo a necessidade do algo mais para enriquecer a nossa organização, estruturamos a *Novena do Poder de Deus*.

Pe. Damião Silva

Rezando a Novena do Poder de Deus

1. Invocação ao Espírito Santo

Espírito de Deus, enviai dos céus
Um raio de luz.
Vinde, Pai dos pobres, dai aos corações
Vossos sete dons.

Consolo que acalma, hóspede da alma,
Doce alívio, vinde.
No labor descanso, na aflição remanso,
No calor aragem.

Enchei, luz bendita, chama que crepita,
O íntimo de nós.
Sem a luz que acode, nada o homem pode,
Nenhum bem há nele.
Ao sujo lavai, ao seco regai,
Curai o doente.
Dobrai o que é duro, guiai no escuro,
O frio aquecei.

Dai à vossa Igreja, que espera e deseja,
Vossos sete dons, vossos sete dons.
Dai em prêmio ao forte uma santa morte,
Alegria eterna.

Amém.

2. Oração a Nossa Senhora das Vitórias

Ó Senhora das Vitórias,
Rainha dos anjos e dos homens.
Vós caminhais à nossa frente,
Como terrível exército em ordem de batalha.
Sois arma poderosa na mão de Deus.
Vossa humildade e obediência esmagaram a serpente,
Levando à total ruína do mal.

Vosso nome é doce e suave,
Nos traz força, nos reforça a fé.
Do vosso filho Jesus, ouvimos: "Esta é minha mãe,
Por ela vencerás".
Eu vos suplico, ó Senhora das Vitórias,
Alcançai de Deus as nossas vitórias.
(Fazer o pedido.)

Santíssima Virgem Maria,
Dai-me vossa bênção e, por vossa poderosa intercessão,
Sede meu escudo a cada instante,
A cada angústia, a cada necessidade.
Guardai-me debaixo de vosso manto,
Defendei-me do inimigo,
Acolhei minhas batalhas e atendei as minhas súplicas.

3. Meditação própria de cada dia da novena

4. Oração final

Ó Deus, Pai Todo-Poderoso, que criastes o céu e a terra, formastes o coração de cada um de nós e nada pode acontecer sem a vossa permissão.

Eu vos imploro: olhai para mim e, por vossa misericórdia, estendei o vosso braço poderoso. Eu imploro o vosso poder e a vossa força sobre a minha alma, a minha vida e a minha história. Declaro o vosso senhorio e a vossa majestade sobre mim.

Governai-me, ó Deus Pai, Filho e Espírito Santo, para que meu coração e toda a minha vida se dobrem diante de vós e proclamem que sois o único Senhor que vive e reina para sempre. Amém.

1º Dia

Abraão e a vitória da fé

> Foi pela fé que Abraão, obedecendo ao apelo divino, partiu para uma terra que devia receber em herança. E partiu não sabendo para onde ia.
>
> (Hb 11,8)

Foi pela fé que Abraão se colocou em marcha, à disposição, para fazer a vontade de Deus. O nosso "pai da fé" levantou-se de sua tenda, ou seja, de sua vida cômoda, e caminhou em busca da verdadeira vida que somente a fé em Deus é capaz de dar ao ser humano.

É essa fé que precisa alimentar o nosso coração e a nossa alma, enquanto vivermos, para fazer com que nós – povo de Deus, resgatado pelo sangue de Cristo – sejamos santificados pela força do Espírito Santo.

Meditação da Palavra

Mergulhando na Palavra Divina (Gn 12,1-3)

O Senhor disse a Abrão: "Deixa tua terra, tua família e a casa de teu pai e vai para a terra que eu te mostrar. Farei de ti uma grande nação; eu te abençoarei e exaltarei o teu nome, e tu serás uma fonte de bênçãos. Abençoarei aqueles que te abençoarem, e amaldiçoarei aqueles que te amaldiçoarem; todas as famílias da terra serão benditas em ti".

Atualizando a Palavra Divina

O Senhor chama Abrão, aos 75 anos, para um novo projeto, desafiando-o a renunciar a tudo e a partir para o desconhecido. Atraído pelo chamado tão radical, mesmo com idade avançada, ele aceita o desafio e parte. E por que parte? Nada lhe faltava...

No entanto, Abrão não tinha tudo. Faltava-lhe o mais importante: um filho. Possuía muita riqueza material, mas, sem um herdeiro, até o seu nome desapareceria.

A proposta sobrenatural lhe chega garantindo uma descendência e uma lembrança eterna de sua existência. A graça divina lhe confere uma posteridade e seu nome será lembrado em razão de sua obediência e fé em Deus. Abrão levanta-se e põe-se a trilhar uma nova vida, a vida da promessa de Deus.

Aos 99 anos, o Senhor aparece-lhe e diz: "De agora em diante não mais te chamarás Abrão, e sim Abraão, porque farei de ti o pai de uma grande nação. E tua mulher não mais será chamada Sarai, e sim Sara" (cf. Gn 17,5.15). Abraão tornou-se pai de muitos povos. Sara foi abençoada aos 90 anos, tornando-se mãe de nações e dando origem a reis.

Ao observar esse homem, devemos atentar para a nossa vida, pois, às vezes, ficamos paralisados, achando que a morte é o que nos resta e nos acomodamos.

Deus tem também uma promessa para nós. O nosso coração busca, mas não encontra, porque somente Deus pode nos dar aquilo de que precisamos, no tempo certo. A nossa atitude deve ser de levantar-nos e começar uma nova história, perseguindo os sinais de Deus.

Rezando a Palavra Divina

O Senhor elegeu Abrão para tirá-lo daquela situação de vergonha, para manifestar poder na vida daquele homem. De igual modo, ele quer se manifestar na sua vida. Renuncie a tudo que o impede de crer e viver a vida em Deus. Para isso, peça a fé de Abraão. Uma fé que faça você renunciar ao que vivia antes e a partir para uma nova experiência de Deus.

Reze assim:

Senhor, dai-me a mesma fé de Abraão, para que eu me transforme. Que eu acredite e leve a sério o vosso plano de amor. Que eu me entregue a vós. Que a minha fé busque sempre estar na vossa presença. Deus Pai, que por nada se quebre a minha aliança de amor para convosco. Que a minha fé seja confiante, paciente, firme e inabalável. Tudo isso vos peço, na unidade do Espírito Santo. Amém.

Vivendo a Palavra Divina

Você foi chamado por Deus não apenas para receber bênçãos, mas para ser uma bênção.

Busque a conversão do seu coração e do seu comportamento; busque bons sentimentos: o amor, a solidariedade, a paz, para chegar à harmonia e à união.

Seja uma bênção: na sua família, no trabalho, no ambiente de estudo, na vizinhança, na Igreja.

Frutifique e multiplique os dons que Deus lhe deu.

"Exultemos de alegria com Deus
que governa com seu poder para sempre."
(Sl 66[65],6-7)

2º Dia

A vitória da fé na vida de Sara

> Foi pela fé que a própria Sara cobrou o vigor de conceber, apesar de sua idade avançada, porque acreditou na fidelidade daquele que lhe havia prometido.
>
> (Hb 11,11)

Claramente, é a força de Deus que tem a capacidade de criar e fecundar a criação, fazendo-a dar frutos. Foi pela força divina que a idosa e estéril Sara conseguiu a bênção da gravidez e saiu da situação de vergonha em que se encontrava.

Da mesma forma, cada um que se sente estéril em sua vida não vencerá sozinho. Será Deus quem lhe garantirá a vitória, a depender da sua fé. Não duvide, creia e confie no Senhor. O nosso Deus é o Deus do impossível. Ele tudo pode!

Meditação da Palavra

Mergulhando na Palavra Divina (Gn 18,9-15)

E disseram-lhe: "Onde está Sara, tua mulher?". "Ela está na tenda" – respondeu ele. E ele disse-lhe: "Voltarei à tua casa dentro de um ano, a esta época; e Sara, tua mulher, terá um filho". Ora, Sara ouvia por detrás, à entrada da tenda. (Abraão e Sara eram velhos, de idade avançada, e Sara tinha já passado da idade.) Ela pôs-se a rir secretamente: "Velha como sou" – disse ela consigo –, "conhecerei ainda o amor? E o meu senhor também é já entrado em anos". O Senhor disse a Abraão: "Por que se riu Sara, dizendo: 'Será verdade que eu teria um filho, velha como sou?' Será isso porventura uma coisa muito difícil para o Senhor? Em um ano, a esta época, voltarei à tua casa e Sara terá um filho". Sara protestou: "Eu não ri" – disse ela, pois tinha medo. Mas o Senhor disse-lhe: "Sim, tu riste".

Atualizando a Palavra Divina

Deus chega à porta de Abraão e pergunta por Sara. O Senhor foi à casa do pai Abraão para garantir-lhe a promessa e confirmar àquela que seria a geradora da criança que a promessa estava de pé. Ao perguntar: "Onde está Sara, tua mulher", Deus não está questionando sobre o lugar, mas sim onde se encontra a sua fé. Sara estava na tenda – símbolo de algo móvel, cada dia num lugar. A fé em Deus não pode ser instável; deve ser constante, firme.

O Senhor veio visitar Sara para lhe dar o dom da fé, conferido pelo poder de sua promessa e de sua palavra.

Nos dias atuais, o Senhor quer saber quem é a "pessoa estéril" em nossa vida. É um amigo ou amiga? Parente? Quem?

Deus também caminha em nossa direção e pergunta onde está a nossa fé. Onde está a convicção da nossa alma. Ele questiona o lugar onde estamos colocando a certeza e a segurança do nosso coração. Ao mesmo tempo, chama-nos a deixar as coisas passageiras e a acreditar no que ele preparou para nós.

Para isso, é preciso a decisão da obediência da fé. É preciso aceitar a promessa divina para a nossa vida e a nossa história. Quando fizermos isso, não seremos mais os mesmos.

Rezando a Palavra Divina

Rezemos todas as vezes em que nos sentirmos secos, sem vida, para que o Senhor venha ao nosso encontro. Não fiquemos à sua espera. Tomemos a iniciativa de dar passos em sua direção.

Peçamos a Deus a graça de limpar o nosso coração e a nossa consciência. Que ele nos liberte da incredulidade e nos dê um coração decidido, fiel à Palavra que tudo cria e vivifica, para que sejamos fecundados com a semente do Verbo divino.

Reze assim:

Deus Pai, que a vossa Palavra crie raízes em meu coração e dê frutos, para a vida eterna, libertando-me da aridez e de toda esterilidade, gerando vida em mim, fazendo-me crer na maravilha de vossas obras. Senhor Jesus, que a minha alma seja encharcada com vossa água de vida eterna. Espírito Santo, iluminai meu coração, meus pensamentos, desejos, sonhos, e fazei-me dócil à ação divina. Preciso da vossa presença para dirigir todo o meu ser. Que o meu riso seja de gratidão e alegria pela realização de vossas promessas. Tudo isso vos peço, na unidade do Espírito Santo. Amém.

Vivendo a Palavra Divina

– Qual é a bênção que Deus tem trazido para você?

– Você sabe qual a promessa dele para sua vida?

Viva este dia aprofundando a sua relação com o seu Senhor através da oração. Sele um compromisso de conversa diária com Deus e creia sempre que, mesmo diante das dificuldades, ele sempre pode fazer o impossível acontecer.

3º Dia

A vitória da fé na vida de Jacó

> Em uma visão noturna, Deus disse-lhe: "Jacó! Jacó!". "Eis-me aqui" – respondeu ele. E Deus disse: "Eu sou Deus, o Deus de teu pai. Não temas descer ao Egito, porque ali farei de ti uma grande nação. Descerei contigo ao Egito, e eu mesmo te farei de novo subir de lá. José te fechará os olhos".
>
> (Gn 46,2-4)

O patriarca Jacó teve uma vida de lutas: desde o nascimento, passando pela juventude, até chegar à última luta, com o anjo do Senhor. Lutou, foi perseverante. Ele queria uma bênção e a alcançou.

Essa luta e essa bênção foram tão importantes, que a história de Jacó mudou para sempre. Ele recebeu um sinal na perna e seu nome passou a ser Israel. Na verdade, Deus deu a ele esse novo nome, que significa uma vida nova, uma nova maneira de ser e agir.

Meditação da Palavra

Mergulhando na Palavra Divina (Gn 32,25-30)

Jacó ficou só; e alguém lutava com ele até o romper da aurora. Vendo que não podia vencê-lo, tocou-lhe aquele homem na articulação da coxa e esta deslocou-se, enquanto Jacó lutava com ele. E disse-lhe: "Deixa-me partir, porque a aurora se levanta". "Não te deixarei partir – respondeu Jacó – antes que me tenhas abençoado." Ele perguntou-lhe: "Qual é o teu nome?". "Jacó." "Teu nome não será mais Jacó" – tornou ele – "mas Israel, porque lutaste com Deus e com os homens, e venceste". Jacó pediu-lhe: "Peço-te que me digas qual é o teu nome". "Por que me perguntas o meu nome?" – respondeu ele. E abençoou-o no mesmo lugar. – Palavra do Senhor.

Atualizando a Palavra Divina

Jacó chegou a um ponto decisivo de sua história. Rever a vida de lutas, à luz da ação divina.

O anjo sinaliza a presença de Deus na vida do patriarca. Um encontro onde ele se confronta com Deus. Foi esse momento de deserto, de ficar face a face com aquele que conhece a história de cada homem, que levou Jacó a se abrir a uma nova vida. Era a sua vocação: ser Israel, ser pai de uma nação, colocar em movimento a promessa de multiplicar as gerações do seu pai Abraão.

Jacó atravessou a noite escura e teve a sua fé purificada. Lutou e não desistiu. E qual a razão de tamanha luta? Uma bênção!

Quantas vezes perdemos as graças que Deus tem para nos dar. Simplesmente desistimos. Fugimos da missão. É preciso aprender com Jacó: lutar, correr atrás, pedir a Deus e fazer a nossa parte.

Ou seja: lute com garra, com determinação, focando no que está querendo. E, se cair, levante-se e ponha-se em luta novamente, mesmo que essa luta seja consigo mesmo.

Rezando a Palavra Divina

Diante de Deus, coloque a sua história, apresente suas lutas, batalhas, fracassos e vitórias. Deposite cada fase de sua vida aos pés do Senhor. Peça uma bênção.

Reze assim:

Senhor, entrego a vós cada momento de solidão, cansaço, desânimo, batalhas interiores, os quais conheceis tão bem. Revesti-me com a mesma força, coragem e vigor de Jacó. Coloco diante de vós todos os motivos que me fazem perder as batalhas; tudo o que me afasta da luta; tudo o que me leva a fugir ou desistir. Deus Pai, entrego-vos a fidelidade do meu coração e a perseverança dos meus pensamentos para que todo o meu viver esteja voltado para o vosso coração e, dessa forma, eu possa persistir e continuar no vosso caminho. Mostrai-me aquilo de que preciso abrir mão para receber a vossa bênção. Criai em mim um coração decidido, convicto, vitorioso. Renovai em mim a força do vosso Espírito para que eu não desamine e consiga alcançar a meta que me destinastes. Tudo isso vos peço, na unidade do Espírito Santo. Amém.

– Qual é a sua meta?

– Que caminhos deseja trilhar?

– Diante das lutas, você tem insistido com o anjo, tem sido perseverante na oração?

– Você tem resistido? Então lute até obter a vitória.

Lute com toda a sua alma, eleve as mãos em preces, mas não desista, não desanime e veja a luz de Deus brilhar em sua vida. Você é chamado a ser vitorioso. Tome posse dessa graça e não desista dos seus objetivos.

4º Dia

A vitória da fé na vida de José

> Meu justo viverá da fé. Porém, se ele desfalecer, meu coração já não se agradará dele.
>
> (Hb 10,38)

O justo vive da fé e pela fé em Deus se mantém firme e de pé, mesmo em meio às adversidades.

Foi assim com José do Egito. Sendo fiel e justo, sofreu com a inveja e a perseguição por parte de seus irmãos, sendo vendido como escravo. No Egito, também padeceu muito. Queriam arrancar de seu coração a fidelidade a Deus e, ainda, foi vítima de mentiras e injustiças. Mas venceu. Aquele que põe a sua confiança no Senhor, nosso Deus, não sai decepcionado nem desamparado.

Meditação da Palavra

Mergulhando na Palavra Divina (Gn 41,37-43)

Essas palavras agradaram o faraó e toda a sua gente. "Poderíamos" – disse-lhes ele – "encontrar um homem que tenha, tanto como este, o espírito de Deus?". E disse em seguida a José: "Pois que Deus te revelou tudo isso, não haverá ninguém tão prudente e tão sábio como tu. Tu mesmo serás posto à frente de toda a minha casa, e todo o meu povo obedecerá à tua palavra: só o trono me fará maior do que tu". "Vês" – disse-lhe ainda – "eis que te ponho à testa de todo o Egito". E o faraó, tirando o anel de sua mão, pôs na mão de José; e o fez revestir-se de vestes de linho fino e meteu-lhe ao pescoço um colar de ouro. E, fazendo-o montar no segundo dos seus carros, mandou que se clamasse diante dele: "Ajoelhai-vos!". É assim que ele foi posto à frente de todo o Egito. – Palavra do Senhor.

Atualizando a Palavra Divina

José mereceu a vitória por causa da sua fé. A vitória sobre todo o mal que ele sofreu na mão não só de seus irmãos, mas também na da mulher de seu patrão, através de injustiças, mentiras e calúnias. Mas José sempre se manteve fiel a Deus. Ele manteve sua fé no Deus de Israel, por isso venceu.

O que nos importa aqui é a fé de José. Ele foi excluído do seu grupo; sua família o rejeitou; foi preso injustamente. Mas continuou agindo sempre com paciência, porque sabia que tudo o que estava vivendo, Deus usaria para um bem maior.

Essa é a força do fraco, que se apoia na esperança certa. Quem o defende é o Senhor, justo juiz, que ama o direito e a justiça.

Assim como José soube esperar no Senhor, cada um de nós é chamado a ter esperança, a preparar o coração para receber a graça que nos está sendo preparada, apesar do sofrimento da demora e da privação. Quanto maior a demora, maior a graça. Não é Deus que demora, mas nós é que não nos encontramos prontos para receber a bênção. Precisamos amadurecer a fé, a esperança e o amor, "esperar esperando no Senhor" (cf. Sl 39[40],2). Não podemos ficar de braços cruzados. Devemos nos preparar dia a dia para a visita do Senhor que chega.

Rezando a Palavra Divina

Para entender a vitória de José, precisamos compreender que o Senhor estava com ele e mostrava sua bondade (cf. Gn 39,21). Assim, coloque nas mãos dele seus caminhos, seus passos, os sonhos do seu coração. Que todo o seu ser e a sua história sejam tomados pela unção divina. Entregue a ele toda injustiça já vivida e que ainda fere seu coração e, também, as vezes em que você foi injusto com algum dos seus irmãos. Recorde: pensamentos de ressentimento, mágoa, desejo de vingança e traumas. Confie tudo ao Senhor. Abra seu coração e peça o dom do perdão, da reconciliação e da gratidão.

Reze assim:

Ó Senhor, enviai sobre mim um raio de vossa luz e fortalecei a minha fé e confiança em vós. Cristo Redentor, guardai-me de toda espécie de maldades que eu possa vir a sofrer ou cometer. Fazei com que deem frutos os meus trabalhos e que meu coração permaneça fiel a vós. Concretizai os meus sonhos, e que tudo seja para vossa honra e glória. Tudo isso vos peço, na unidade do Espírito Santo. Amém.

José confiou na Providência Divina e fez a parte dele.

– Você já parou para olhar mais atentamente para cada situação que está vivendo?

– Tem se mantido fiel a Deus?

Mesmo diante das perseguições que vierem sobre a sua vida, confie na Providência Divina e faça a sua parte. Deus se mostrará bom e misericordioso.

5º Dia

A vitória da fé na vida de Moisés e do povo de Deus

> O Senhor disse: "Eu vi, eu vi a aflição de meu povo que está no Egito, e ouvi os seus clamores por causa de seus opressores. Sim, eu conheço seus sofrimentos. E desci para livrá-lo da mão dos egípcios e para fazê-lo subir do Egito para uma terra fértil e espaçosa, uma terra que mana leite e mel".
> (Ex 3,7-8a)

O povo de Israel estava cativo no Egito e Deus manifestou o seu grande poder na vida desse povo escolhido. Ele observou as tristezas e opressões, ouviu o clamor, e não apenas os libertou, mas os levou à terra prometida.

Pelo grande cuidado que o Senhor tem para com o seu povo, manifestando a sua misericórdia sobre todos aqueles que o temem, os filhos de Israel atravessaram o mar das tribulações.

Meditação da Palavra

Mergulhando na Palavra Divina (Ex 14,13-16)

Moisés respondeu ao povo: "Não temais! Tende ânimo, e vereis a libertação que o Senhor vai operar hoje em vosso favor. Os egípcios que hoje vedes, não os tornareis a ver jamais. O Senhor combaterá por vós; quanto a vós, nada tereis a fazer". O Senhor disse a Moisés: "Por que clamas a mim? Dize aos filhos de Israel que se ponham a caminho. E tu, levanta a tua vara, estende a mão sobre o mar e fere-o, para que os israelitas possam atravessá-lo a pé enxuto".

Atualizando a Palavra Divina

A Palavra de Deus faz o mar se abrir em um novo caminho para todo aquele que nele confia. Moisés confiou. Sabia que o Deus Todo-Poderoso iria combater em favor dos filhos de Israel. A palavra de ordem de Moisés é: "Não tenha medo, permaneça firme, o Senhor combate em teu favor!".

A palavra de ordem de Deus é: "Ordena aos israelitas que se ponham a caminho e levanta o teu bastão para abrir o mar".

Moisés encoraja seus irmãos a não terem medo, a não se acovardarem. Precisavam permanecer fiéis àquilo que sabiam ser o correto. Da mesma forma, dirá Paulo a Timóteo: "Tu, porém, continua firme no que aprendeste e aceitaste como certo, sabendo de quem o aprendeste" (cf. 2Tm 3,14). O que foi aprendido como certo? A fé de seus pais, o testemunho de Deus, sempre ao lado de seu povo.

O Senhor ordena que o povo se ponha a caminho, como os seus pais na fé se colocaram, apenas obedecendo à Palavra do Senhor e lhe sendo fiel. Dando passos firmes na Palavra Divina, não há mar que não se abra.

Na verdade, o que abre o mar é a certeza de que Deus combate por nós. Dando passos firmes conscientes na Palavra, toda onda se abre e reverencia a fé daquele que crê no nome do Senhor.

Rezando a Palavra Divina

É preciso dar passos firmes, mesmo sendo perseguido pelo inimigo, e seguir em frente, ainda que haja tribulações e problemas. Ter a ousadia de erguer o bastão, isto é, erguer a cruz de Cristo, para que, diante do medo, o mar se abra.

E, se você não souber para onde ir, apenas siga em frente, dê passos em direção aos problemas, enfrente-os com a cruz de Cristo.

Reze assim:

Senhor, vós escutais a oração sincera que brota de meu coração. Eu vos peço que manifestai o poder de vosso braço sobre a minha vida. Pai, vós que sempre me acompanhais, ficai comigo para que eu não desista. Que a vossa presença seja meu escudo protetor contra todo mal. Sustentai os meus passos e firmai meu caminhar. Pela força e poder do vosso braço forte e santo, que se abram todos os mares que se levantam contra mim. Revesti-me com a vossa força e unção, com a vossa graça e poder, para que eu atravesse com firmeza todos os desafios. Que a cruz de Cristo afaste para longe as águas que me querem afogar. Tudo isso vos peço, na unidade do Espírito Santo. Amém.

Vivendo a Palavra Divina

– Qual é o mar que está à sua frente?

– Qual é o inimigo que está atrás de você?

– Qual é o cajado no qual você se apoia para realizar as suas travessias?

Moisés se apoiou na Palavra de Deus, agiu a partir da Palavra Divina. Você precisa atravessar o mar, e isso exige uma mudança. Peça a Deus essa mudança na sua história de vida.

Diga ao Senhor quais são as suas lutas, pois ele combate sempre a seu lado. Creia e confie!

6º Dia

A vitória da fé na vida de Josué

> Josué encontrava-se nas proximidades de Jericó. Levantando os olhos, viu diante de si um homem de pé, com uma espada desembainhada na mão. Josué foi contra ele: "És dos nossos" – disse ele – "ou dos nossos inimigos?". Ele respondeu: "Não! Venho como chefe do exército do Senhor". Josué prostrou-se com o rosto por terra e disse-lhe: "Que ordena o meu Senhor a seu servo?". E o chefe do exército do Senhor respondeu: "Tira o calçado de teus pés, porque o lugar em que te encontras é santo". Assim fez Josué.
>
> (Js 5,13-16)

Antes de Josué se colocar em batalha para derrubar as muralhas, eis que o anjo do Senhor lhe aparece. É aquele que está à frente do exército do Senhor. É o arcanjo Miguel, que batalha e questiona: "Quem como Deus?". Ninguém!

É preciso tirar as sandálias, desarmar o nosso coração, adorar o Senhor, pois é ele quem combate por nós, e o lugar onde nós lutamos é também um lugar santo, pois ali o Senhor está.

Meditação da Palavra

Mergulhando na Palavra Divina (Js 6,12-16.20a)

Josué levantou-se muito cedo e os sacerdotes levaram a arca do Senhor. Os sete sacerdotes, levando as sete trombetas retumbantes, marchavam diante da arca do Senhor, tocando a trombeta durante a marcha. Os guerreiros precediam-nos, e a retaguarda seguia a arca do Senhor. E ouvia-se o retinir da trombeta durante a marcha. Deram volta à cidade uma vez, no segundo dia, e voltaram ao acampamento. O mesmo fizeram durante seis dias. Mas, ao sétimo dia, levantando-se de madrugada, deram volta à cidade sete vezes, como nos dias precedentes: esse foi o único dia em que fizeram sete vezes a volta. Quando os sacerdotes tocaram as trombetas na sétima volta, Josué disse ao povo: "Gritai, porque o Senhor vos entregou a cidade". O povo clamou e os sacerdotes tocaram as trombetas. E logo que o povo ouviu o som das trombetas, levantou um grande clamor. A muralha desabou.

Atualizando a Palavra Divina

A partir do louvor a Deus, da adoração durante os seis dias, o Senhor fez abalar os alicerces da forte muralha de Jericó, levando-a ao chão. Como aprendemos nas Sagradas Escrituras, Deus manifesta sua glória e seu poder, e nenhum inimigo poderá permanecer diante de sua presença: "Vós, porém, sois o Santo. Que habitais entre os louvores de Israel" (Sl 22[21],4).

O cristão, somente depois de adorar o Senhor, é que pode entrar em batalha. O louvor é a arma de vitória de todo aquele que crê no poder de Deus.

Quando não adoramos a Deus, perdemos. Nas vezes em que perdeu alguma luta, será que você antes adorou a Deus, confiou nele e o deixou agir? "Pois, agindo Deus, quem impedirá?" (cf. Is 43,13).

O cristão não ganha lutas de pé, mas de joelhos!

Para que as muralhas que se levantam sobre a nossa vida caiam, é preciso dobrar os joelhos no chão. Dobre seus joelhos, seu coração e sua vida, diante da presença do Altíssimo. É ele quem dá a vitória, a paz e a liberdade verdadeira.

Rezando a Palavra Divina

Peça ao Senhor que derrube as muralhas que impedem você de ser uma pessoa livre para a felicidade e o amor. Dobre seus joelhos e suplique que o poder de Deus se derrame e se levante sobre todas as muralhas da sua vida; cerque-as com muita adoração.

Invoque o nome do Senhor e o seu poder soberano. Adore o Senhor, porque o adorador não volta atrás, sabe que Deus está presente e o salvará. A muralha de Josué se chamava Jericó. Qual é o nome da sua muralha? Não tenha medo; dobre os joelhos, receba a unção e o poder, e se levante para derrubar a muralha que está tirando a paz de sua alma.

Reze assim:

Senhor, peço a força do alto para que nenhuma muralha consiga permanecer de pé diante da vossa Palavra. Concedei-me a mesma perseverança e confiança de Josué. Que eu tenha um coração determinado, convicto e adorador. Pai do céu, dai-me força, para que eu não desanime, e coragem e determinação, para que eu consiga derrubar toda e qualquer muralha que se erga contra mim, prejudicando minhas escolhas e meus projetos. Ó Deus, pelo vosso poder, derrubai todas essas muralhas. Tudo isso vos peço, na unidade do Espírito Santo. Amém.

Vivendo a Palavra Divina

– Quais as muralhas que, na sua vida, precisam ser derrubadas pelo poder da oração?

– Para que suas muralhas sejam derrubadas, a quem você tem confiado os seus pedidos?

Os anjos e os santos nos auxiliam junto a Deus. Busque o seu anjo protetor, reze ao seu anjo da guarda pedindo que ele batalhe a seu lado. Seu anjo da guarda é o seu companheiro. Pense nisso!

7º Dia

A vitória da fé na vida de Gedeão

> O Senhor disse a Gedeão: "A gente que levas contigo é numerosa demais para que eu entregue Madiã em suas mãos. Israel poderia gloriar-se à minha custa, dizendo: 'Foi a minha mão que me livrou'. Manda, pois, publicar esse aviso para que todos o ouçam: 'quem for medroso ou tímido, volte para trás e deixe a montanha de Gelboé'". Vinte e dois mil homens voltaram, ficando ainda dez mil.
>
> (Jz 7,2-3)

Não é por nossas próprias forças que conquistamos a vitória. É a nossa obediência e confiança na Palavra do Senhor que nos tornam vitoriosos. Aqueles que confiam no Senhor vencem todos os obstáculos. O próprio Deus é quem luta por eles.

Deus dispersa os soberbos de coração, mas os que confiam no Senhor vencem, ainda que a derrota seja dada como certa. A luta dos eleitos é a luta do próprio Deus. Ele é Pai e manifesta o seu grande poder em favor dos filhos que ama.

Meditação da Palavra

Mergulhando na Palavra Divina (Jz 7,7.12-15)

O Senhor disse a Gedeão: "Com os trezentos homens que lamberam a água, vos salvarei e entregarei Madiã nas tuas mãos. Todo o resto do povo volte para a sua casa". Ora, os madianitas, os amalecitas e todos os filhos do oriente estavam espalhados pelo vale, tão numerosos como gafanhotos e seus camelos eram também inumeráveis como a areia das praias. No momento em que Gedeão se aproximou, um homem estava justamente contando um sonho ao seu companheiro: "Eis" – dizia ele – "o sonho que tive: Um pão de cevada rolava sobre o acampamento de Madiã e, chocando-se com a tenda, lançou-a completamente por terra". O companheiro respondeu: "Isso não é outra coisa senão a espada de Gedeão, filho de Joás, o israelita. Deus entregou em suas mãos Madiã e todo o acampamento". Tendo ouvido a narração e a interpretação desse sonho, Gedeão prostrou-se por terra. Voltou ao acampamento israelita e disse: "Levantai-vos, porque o Senhor vos entregou nas mãos o acampamento dos madianitas!".

Atualizando a Palavra Divina

É Deus quem luta, vence e dá àqueles que nele creem a vitória conquistada por seu braço forte e santo. Este episódio nos mostra que não é a força de um exército, e sim o poder de Deus que garante a vitória aos que confiam na sua Divina Providência.

Gedeão havia chamado para guerrear trinta e duas mil pessoas. O Senhor o mandou abrir mão dessas pessoas. Ao final,

Gedeão ficou com apenas trezentos homens para lutar contra um exército numeroso, e foi vencedor. A vitória se deu porque ele abriu mão de suas seguranças humanas. A vitória não é do homem, mas de Deus. "Se Javé não guarda a cidade, em vão vigiam os guardas" (Sl 127[126],1).

A quantas coisas você está apegado, sem conseguir sair do lugar? Estaria disposto a renunciar a 31.700 coisas em sua vida, para obter a vitória em Deus?

Muitas vezes, confiamos naquilo que temos e naquilo que somos, colocando toda esperança em nós mesmos. Mas é somente Deus que dá a vitória.

Achamos que precisamos de muito, e vamos acumulando coisas passageiras. Deus nos revela que a vitória de Gedeão foi devida à confiança no seu poder e na sua bondade. Devemos esvaziar-nos e preencher o nosso coração com aquilo que é eterno.

Rezando a Palavra Divina

Tudo o que o Senhor ordenou a Gedeão foi prontamente obedecido, e por esse motivo ele venceu. Peça a Deus a confiança necessária para não ter medo das dificuldades que surgem. Achamos que precisamos de muito para nos defender, mas o que realmente precisamos é do poder divino.

Diante de problemas, dificuldades e lutas, entregue-se. Deus é capaz de tirar do mal, o bem. Dobre os joelhos e adore o Senhor na certeza da vitória. Peça um coração humilde para obedecer à Palavra de Deus.

Reze assim:

Senhor, que maior na minha vida seja a força do Espírito Santo a me iluminar, para que eu viva na vossa presença. Dai-me um coração obediente e defendei-me. Sei que, se obedecer à vossa ordem, nenhum exército ficará de pé diante de mim. Por isso, vos peço, mostrai-me os vossos caminhos e ajudai-me a conhecer a vossa vontade. Pelo vosso poder, dai-me a vossa unção para que eu não desanime, sede minha fortaleza. Lavai o meu coração de toda descrença, fortalecei a minha alma e fazei crescer a minha fé em vossa Palavra. Senhor, pelo vosso poder, afastai e confundi todos os meus inimigos visíveis e invisíveis e, pela força de vosso braço, dai-me a vitória. Tudo isso vos peço, na unidade do Espírito Santo. Amém.

Vivendo a Palavra Divina

"Esperando, esperei no Senhor, e inclinando-se, ouviu meu clamor" (cf. Sl 39[40],2).

É a Palavra de Deus que nos levanta de nossas quedas e nos transforma de derrotados em vencedores.

É Deus quem muda a história. É pelo seu poder que os fracos se tornam fortes. Quem pode mais do que Deus?

Coloque diante de Deus as suas decisões, peça discernimento, avalie a sua vida, as suas lutas. Se a sua luta é de Deus, se o seu projeto é de Deus, eles prosperarão, senão só vai vingar o seu cansaço.

8º Dia

A vitória da fé na vida de Davi

Davi disse-lhe: "Ninguém desanime por causa desse filisteu! Teu servo irá combatê-lo". "Combatê-lo, tu?!" – exclamou o rei. "Não é possível. Não passas de um menino e ele é um homem de guerra desde a sua mocidade." Davi respondeu a Saul: "O Senhor, que me salvou das garras do leão e do urso, me salvará também das mãos desse filisteu". "Vai" – disse Saul a Davi –, "e que o Senhor esteja contigo!".

(1Sm 17,32-33.37)

Assim como Davi cortou a cabeça de Golias, nós devemos também cortar tudo aquilo que nos afasta de Deus. Davi nos dá o exemplo da vitória sobre o mal. O inimigo nos rodeia, querendo nos devorar. O que precisamos fazer é invocar o nome do Senhor e atacar o inimigo com a Palavra Divina, que é a pedra que destrói o mal.

Meditação da Palavra

Mergulhando na Palavra Divina (1Sm 17,45-50)

Disse Davi a Golias: "Tu vens contra mim com espada, lança e escudo; eu, porém, vou contra ti em nome do Senhor dos exércitos, do Deus das fileiras de Israel, que tu insultaste. Hoje mesmo, o Senhor te entregará nas minhas mãos. Eu vou te matar, vou cortar tua cabeça. E darei os cadáveres do exército dos filisteus às aves do céu e aos animais da terra. Toda a terra saberá que há um Deus em Israel; e toda essa multidão saberá que não é com a espada nem com a lança que o Senhor triunfa, pois a batalha é do Senhor e ele vos entregou em nossas mãos!". Levantou-se o filisteu e marchou contra Davi. Este também correu para a linha inimiga ao encontro do filisteu. Pôs a mão no alforje, tomou uma pedra e arremessou-a com a funda, ferindo o filisteu na fronte. A pedra penetrou-lhe na fronte e o gigante caiu com o rosto por terra. Assim Davi venceu o filisteu, ferindo-o de morte com uma funda e uma pedra.

Atualizando a Palavra Divina

O exemplo de Davi é sinal de vitória contra todos aqueles que se levantam para nos atacar. Davi dá o exemplo de que não se desafia o Deus de Israel. Ele está inflamado de zelo pelo Senhor e, ao ouvir os insultos, não tem outra escolha senão destruir o mal pela raiz. Golias representa nossos problemas, que desafiam nossa fé em Deus.

O que destrói o mal é a Palavra encarnada, desde que a vivamos e façamos dela o nosso alimento. Assim foi com Cristo, que, quando tentado pelo inimigo, usou a própria palavra e o derrotou.

As lutas em nossa vida são bem mais complexas do que percebemos. Alimentando-nos da Palavra, vencemos todo mal que nos rodeia. A felicidade está na pessoa que "na lei do Senhor encontra sua alegria e nela medita dia e noite. Será como árvore plantada à beira de um rio, que dá fruto no devido tempo e cuja folhagem não seca: em tudo o que faz terá sempre sucesso" (cf. Sl 1,2-3).

Somente enraizados na Palavra de Deus teremos determinação e poder para derrotar o mal.

Rezando a Palavra Divina

O Senhor salva, não com espada, nem com lança. Confia nele e peça que ele se coloque à frente de todos os seus projetos. Peça a Cristo que reine em sua vida.

Reze assim:

Senhor Deus, Pai amado, preciso manter firme a minha fé e perseverar até o fim, sem desistir. Peço-vos a garantia da vitória para mim e para minha família, assim como a concedestes a Davi, ao vencer o gigante Golias. Eis-me aqui, Senhor dos exércitos, entrego em vossas mãos minha pequenez, meus medos, minhas inseguranças e limitações. Creio no poder da oração. Sairei desta luta como vencedor. Acredito que, pela minha fé, provarei que sois o Deus Todo-Poderoso. Concedei-me a vitória! Tudo isso vos peço, na unidade do Espírito Santo. Amém.

A motivação de Davi foi a causa de Deus, e isso fez com que ele vencesse o inimigo e eliminasse o gigante que estava querendo prejudicar sua relação com o Senhor.

Davi comprometeu-se e se envolveu com a causa de Deus.

– Qual a causa que vale a pena você lutar?

– Quais são os Golias que você enfrenta?

Não devemos perder de vista o nosso ponto de partida, nem o que nos motivou a perseguir nossos propósitos.

9º Dia

A vitória da fé na vida de Ester

> As palavras de Ester foram referidas a Mardoqueu, que lhe mandou responder: "Não imagines que serás a única entre todos os judeus a escapar, por estares no palácio. Se te calares agora, o socorro e a libertação virão aos judeus de outra parte; mas tu e a casa de teu pai perecereis. E quem sabe se não foi para essas circunstâncias que chegaste à realeza?".
>
> (Est 4,12-14)

Ester, mulher sábia e prudente, testemunhava sua fé na ação divina, na confiança de que o Senhor jamais abandona seus filhos nas mãos da morte. Ela lutou contra a idolatria, contra a cultura de morte, e venceu.

Como Deus se utiliza de qualquer situação para extrair o que é bom, fez de Ester uma rainha para interceder por seu povo, uma vez que o Senhor é quem traria a salvação.

Meditação da Palavra

Mergulhando na Palavra Divina (Est 7,1-6)

Naqueles dias, o rei e Amã foram, pois, ao banquete de Ester. No segundo dia, bebendo vinho, disse ainda o rei a Ester: "Qual é teu pedido, rainha Ester? Será atendido. Que é que desejas? Ainda que me peças metade do reino, te será concedido!". A rainha respondeu: "Se achei graça a teus olhos, ó rei, e se ao rei lhe parecer bem, concede-me a vida – eis o meu pedido; salva meu povo – eis o meu desejo. Fomos votados eu e meu povo, ao extermínio, à morte, ao aniquilamento. Se tivéssemos sido vendidos como escravos eu me calaria, mas eis que agora o opressor não poderia compensar o prejuízo que causa ao mesmo rei". "Quem é" – replicou o rei –, "e onde está quem maquina tal projeto em seu coração?". "O opressor, o inimigo" – disse a rainha – "é Amã – eis aí o infame!".

Atualizando a Palavra Divina

Ester é uma mulher comum, porém, ela percebe qual é a vontade de Deus: torná-la rainha com a finalidade de salvar o seu povo.

Ester confia na ação de Deus, que vela sobre todos e os salva. Invocando-o, ela convoca ao jejum e à oração: "Vai, reúne todos os judeus que se acham em Susa e jejuai por mim" (cf. Est 4,16). E faz mais, busca conquistar o coração do rei; declarando: "Se realmente encontrei graça diante de teus olhos, ó rei..." (Est 7,3).

Tudo isso para que a glória de Deus se manifeste em sua vida e na vida do seu povo. Ela fez Israel trazer à memória "que o Senhor se lembra sempre da aliança" (cf. Sl 105[104],8). Eis um bom exemplo para nossa vida: confiar em Deus, jejuar e orar para conquistar os desafios.

Assim como fez com Ester, Deus nos indica um caminho a seguir, um lugar, e tal lugar será aquele que disse Santa Teresinha do Menino Jesus: "Este lugar, ó meu Deus, fostes vós que me destes" (Santa Teresinha do Menino Jesus, "*História de uma alma*", Manuscrito B).

O lugar que ocupamos representa nossa missão.

Rezando a Palavra Divina

Deus, o Senhor de nossos pais, nunca esquece a aliança de amor que firmou conosco, e sua bondade sempre nos acompanha.

Peça que ele olhe para sua vida e lhe dê sensibilidade para entender o seu desejo. Caso não consiga, rogue que envie alguém para ajudá-lo. Invoque sua misericórdia para dirigir seus passos, ouvir sua oração e receber suas preces.

Reze assim:

Senhor, não me deixeis à mercê dos meus pensamentos, levando a vida de qualquer forma. Vinde em meu auxílio. Encorajai-me com a vossa unção, impulsionando-me com a força do vosso Espírito, para que eu consiga ser fiel ao vosso querer. Pai do céu, não permitais que meus olhos se fechem às necessidades dos irmãos, nem que a insensibilidade da posição que ocupo desvie o meu olhar e esfrie meu coração com respeito àqueles que dependem de mim. Eu vos invoco para que a cultura da morte seja vencida pelo amor de Cristo na cruz; todos os que promovem a destruição, a discórdia, sejam lavados e libertos no sangue redentor. Pai de misericórdia, eu vos peço por toda a humanidade: livrai-nos dos males que nos rodeiam. Tudo isso vos peço, na unidade do Espírito Santo. Amém.

Vivendo a Palavra Divina

Foram nove dias de muita oração e poder. Um verdadeiro caminho de fé e crescimento espiritual.

Aprendemos, a partir de Abraão, Sara, Jacó, José, Moisés, Josué, Gedeão, Davi e Ester, que é preciso saber escutar e confiar na Palavra Divina, dando nosso testemunho, jejuando e orando para que a obra de Deus se realize em nossa vida.

Pela fé, verdadeiramente, entendemos que "O Senhor está perto de todos os que o invocam, de todos os que o invocam de coração sincero" (cf. Sl 145[144],18).

Assim como Ester, neste dia jejue e ore para que a obra de Deus se realize em sua vida.

Terço do Poder de Deus

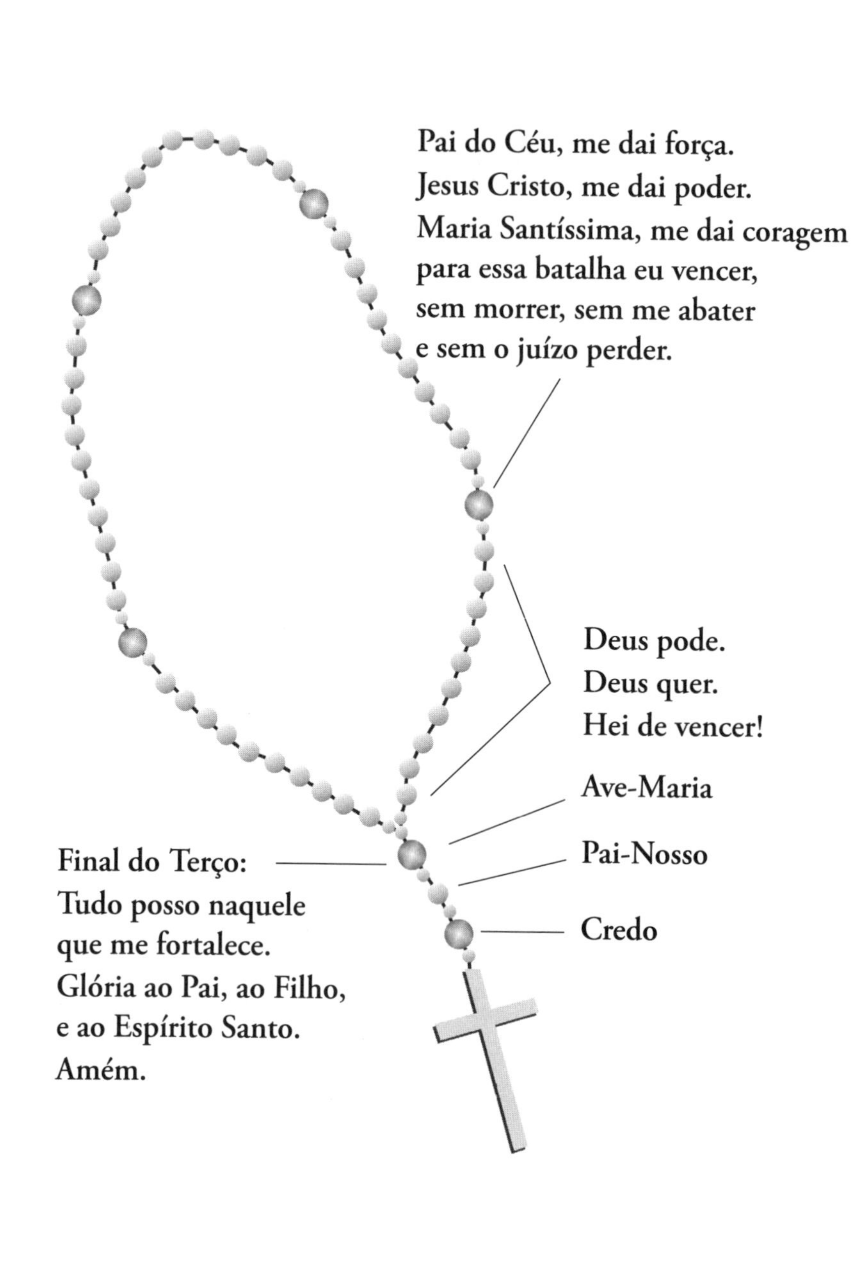

Pai do Céu, me dai força.
Jesus Cristo, me dai poder.
Maria Santíssima, me dai coragem
para essa batalha eu vencer,
sem morrer, sem me abater
e sem o juízo perder.
Deus pode.
Deus quer.
Hei de vencer!
Ave-Maria
Final do Terço:
Pai-Nosso
Tudo posso naquele
que me fortalece.
Credo
Glória ao Pai, ao Filho,
e ao Espírito Santo.
Amém.

Terço do Poder de Deus

Pelo sinal da santa cruz, livrai-nos Deus, nosso Senhor, dos nossos inimigos visíveis e invisíveis.

– Credo

– Pai-Nosso

– Ave-Maria

Conta grande: "Pai do céu, me dai força. Jesus Cristo, me dai poder. Maria Santíssima, me dai coragem para esta batalha eu vencer, sem morrer, sem me abater, sem o juízo perder".

Contas pequenas: "Deus pode, Deus quer. Hei de vencer!" (10x).

Jaculatória: Nossa Senhora das Vitórias, rogai por nós e alcançai de Deus as nossas vitórias.

Ladainha do Poder de Deus

Senhor, tende piedade de nós.
Cristo, tende piedade de nós.
Senhor, tende piedade de nós.
Jesus Cristo, ouvi-nos.
Jesus Cristo, atendei-nos.
Deus Pai do céu, tende piedade de nós.
Deus Filho, Redentor do mundo, tende piedade de nós.
Deus Espírito Santo, tende piedade de nós.
Santíssima Trindade, que sois um só Deus, tende piedade de nós.
Ó Deus, que, pelo vosso poder,
multiplicastes as gerações de Abraão,
R.: Ouvi-nos, libertai-nos e salvai-nos.

Ó Deus, que, pelo vosso poder,
fizestes Sara a estéril conceber um filho,
Ó Deus, que, pelo vosso poder,
livrastes José da injustiça,
Ó Deus, que, pelo vosso poder,
arrancastes o vosso povo da escravidão,
Ó Deus, que, pelo vosso poder,
fizestes o povo atravessar o mar,

Ó Deus, que, pelo vosso poder,
afogastes faraó e seu exército,
Ó Deus, que, pelo vosso poder,
iluminastes o caminho no deserto,
Ó Deus, que, pelo vosso poder,
alimentastes de dia e de noite o povo no deserto,
Ó Deus, que, pelo vosso poder,
fizestes brotar água da pedra,
Ó Deus, que, pelo vosso poder,
derrubastes as muralhas de Jericó,
Ó Deus, que, pelo vosso poder,
destes aos vossos filhos uma vida nova,
Ó Deus, que, pelo vosso poder,
deste a Gedeão a vitória sobre o exército inimigo,
Ó Deus, que, pelo vosso poder,
derrubastes o gigante Golias,
Ó Deus, que, pelo vosso poder,
salvastes a vida do povo através de Ester,
Ó Deus, que, pelo vosso poder,
fechastes a boca dos leões,
Ó Deus, que, pelo vosso poder,
salvastes os justos da fornalha ardente,
Ó Deus, que, pelo vosso poder,
destes a vida ao exército caído,
Ó Deus, que, pelo vosso poder, nos destes a vida,
ouvi-nos, libertai-nos e salvai-nos.

Tudo posso naquele que me fortalece! (3x)

Oração: Infundi, pois, agora em nós, ó Deus poderoso, a mesma confiança que tiveram vossos santos servos, que não deixaram de esperar em vós. Na certeza da fé que dais aos justos, eles atravessaram o mar, derrubaram barreiras, destruíram os gigantes, fecharam a boca dos leões, escaparam do fogo. E, quando parecia não haver saída, continuaram firmes, porque com fé viam a vós, o Deus invisível. Encorajados por esses exemplos, que também cheguemos a tamanha fé, para que, combatendo o bom combate, recebamos o prêmio da vida eterna. Por nosso Senhor Jesus Cristo, na unidade do Espírito Santo. Amém.

Sumário

Apresentação 11
Rezando a Novena do Poder de Deus 15

1º Dia | Abraão e a vitória da fé 19
2º Dia | A vitória da fé na vida de Sara 23
3º Dia | A vitória da fé na vida de Jacó 27
4º Dia | A vitória da fé na vida de José 31
5º Dia | A vitória da fé na vida de Moisés e do povo de Deus 35
6º Dia | A vitória da fé na vida de Josué 39
7º Dia | A vitória da fé na vida de Gedeão 43
8º Dia | A vitória da fé na vida de Davi 47
9º Dia | A vitória da fé na vida de Ester 51

Terço do Poder de Deus 57
Ladainha do Poder de Deus 59

Rua Dona Inácia Uchoa, 62
04110-020 – São Paulo – SP (Brasil)
Tel.: (11) 2125-3500
http://www.paulinas.com.br – editora@paulinas.com.br
Telemarketing e SAC: 0800-7010081